RÉFLEXIONS

D'UN

CITOYEN CATHOLIQUE,

SUR

LES LOIX DE FRANCE,

RÉLATIVES AUX PROTESTANTS.

1778.

RÉFLEXIONS

D'UN

CITOYEN CATHOLIQUE,

Sur les Loix de France rélatives aux Protestans.

Inventus qui efferret quod omnes animo agitabant.

LE desir insensé de régner sur les opinions par la force, & de maintenir par des supplices la pureté d'une Religion de paix, a long-tems couvert la France de sang & de buchers. Quel Français peut arrêter sa vue sans horreur sur ce Siècle entier de combats, depuis le tumulte d'Amboise, jusqu'au siége de la Rochelle ; sur cette suite non interrompue de massacres, depuis le premier massacre de Mérindol, le seul qui, grâce à la justice & au courage du Parlement de Paris, ne soit pas resté impuni, jusqu'au massade supplices cruels, depuis la mort du Conseiller Anne du Bourg, jusqu'à celle du Ministre Chamier; sur cette foule de meurtres, qui dans une seule pacification obligèrent le Roi d'accorder à des assassins quatre mille lettres de grâce ? Dans l'intervalle de vingt ans, deux Rois de France, accusés de favoriser les Protestans, tombèrent sous le poignard des fanatiques.

Henri IV fut immolé au milieu d'un peuple qu'il voulait rendre heureux, & dont il se préparait à venger les injures. Il n'y a point de Ville dont les habitans ne puissent montrer la place où l'on a élevé des buchers, les rues que les deux partis ont inondées de sang; point de famille qui n'ait à déplorer les meurtres, le supplice ou les crimes de quelques-uns de ses ancêtres. Ces scènes affreuses ne se renouvelleront plus; &, grâce aux lumières de ce Siècle, nous ne reverrons même plus les violences dont les Jésuites ont souillé le règne de Louis XIV; ces cruautés dont ils arrachèrent l'ordre à la conscience trompée d'un Roi naturellement humain. Mais les Protestans gémissent encore sous des loix sévères, que les mêmes hommes ont dictées à ce Prince, qui était digne d'avoir d'autres conseils; la prospérité de la Nation souffre encore de ces Loix.

Les verrons-nous subsister encore, tandis qu'une (*) Souveraine, qui édifie sa Cour par sa piété, nous donne l'exemple d'une Législation où les droits de la Religion & ceux de l'humanité sont également respectés; tandis que nos Magistrats, instruits par l'expérience, des funestes effets de ces loix, gémissent au fond de leur cœur de la nécessité cruelle où ils sont de les suivre; tandis qu'une Nation sensible, éclairée, pleure sur les maux de ses concitoyens, les appelle au partage de ses droits, & crie à ses Princes de daigner augmenter le nombre de leurs enfans? L'ombre des Jésuites aura-t-elle donc plus de crédit que la Nation? Les Protestans ne pourront-ils être ni citoyens, ni maris, ni pères, sous le régne de Louis XVI, parce que le Jésuite *Laynés* a prouvé au Colloque de Poissy, sous le règne de Charles IX, qu'ils étaient des renards & des loups, qu'on devait en conséquence renvoyer au jugement du Concile; & le mal que les Jésuites ont fait à la France, dans le Siècle dernier, subsistera-t-il lorsque les Jésuites ne sont plus?

Nous allons d'abord exposer ces Loix malheureusement trop peu connues de la foule aimable & frivole, qui goûtant au sein de la Capitale

---

(*) L'Impératrice-Reine.

toutes les jouissances du luxe, ignore & oublie les maux qui assiègent l'humanité. Cette simple exposition suffira pour montrer que la justice & la nature demandent que ces Loix soient abrogées; nous montrerons, ensuite, que la Religion & la Politique le demandent également. Nous ne prétendons pas apprendre au Public des vérités si simples & si connues; nous ne voulons que les lui rappeller, qu'arrêter un moment ses yeux sur tant de malheurs, réunir dans les mêmes idées & dans les mêmes sentimens toutes les ames honnêtes & sensibles, & goûter le plaisir de dire hautement ce qui est dans le cœur de tous les gens de bien.

La Déclaration du Roi du 14 Mai 1724, concernant la Religion, (car tel en est le titre) forme la bâse de cette partie de notre Jurisprudence: Cette déclaration n'est, pour ainsi dire, qu'un Recueil des principales Dispositions contenues dans les Loix de Louis XIV ; & nous aurons soin de rapprocher la Déclaration de 1724, des Loix qu'elle a confirmées & des circonstances où ces loix ont été faites. On ne reconnaît point, dans cette Législation, le petit-fils de Henri IV, qui plaça un de ses descendans sur le trône de Philippe II, qui disputa aux Anglais l'empire de la mer, resista seul à l'Europe entière liguée contre lui , & rétablit l'Empire Français dans ſes anciennes limites ; on n'y reconnait que le pénitent de *la Chaiſe* & de *le Tellier*, ou plutôt, cette Légiſlation eſt l'ouvrage de ces deux Moines (*).

(*) Il ſuffit de lire ces Loix pour voir qu'elles furent l'ouvrage de la ſéduction. Si Louis XIV eût formé le deſſein de révoquer l'Edit de Nantes, il n'eût point donné, dans le courant de l'année 1685 , un grand nombre de loix faites pour préparer avec lenteur les changemens qu'il eſpérait de la révocation ; il n'eût pas fait aſſurer les Puiſſances Proteſtantes alliées de la France , qu'il ne ſongeait point à abolir le Calviniſme dans ſes Etats. Un Edit du mois d'Août 1685 , antérieur de deux mois ſeulement à la révocation, défend aux Miniſtres Proteſtans de faire , ſoit dans leurs ſermons, ſoit dans leurs livres, aucun argument contre les dogmes de la Religion catholique, ſous peine de banniſſement perpétuel. Louis XIV était trop convaincu de la force victorieuſe des preuves de la Religion, pour imaginer un pareil Edit. Les Arnaud, les Nicole n'auraient pas demandé qu'on défendit aux Proteſtans de leur répondre. On voit que cette Loi n'a pû être ſollicitée que par quelques Théologiens Jéſuites, qui avaient fait de mauvais livres de controverſe , dont les Proteſtans s'étaient mocqués ; ou plutôt, les Jéſuites voulaient ravir à Arnaud & à Nicole l'honneur de triompher de l'héréſie par les ſeules armes de la Raiſon. Nous reviendrons plus d'une fois

Nous pourrons donc parler librement de ces Loix , dont tout l'odieux doit retomber fur ceux qui en ont été les inftigateurs , fans ceffer de refpecter les intentions pieufes de Louis XIV ; fans ceffer de plaindre la faibleffe des Miniftres qui ont fignés des loix fi févères , & de les plaindre fur-tout de s'être livrés à des idées de defpotifme , qui leur ont fait croire, que la grandeur du trône était intéreffée à maintenir un fyftème d'oppreffion inventé par des Jéfuites.

L'article I. de la Déclaration de 1724 défend les affemblées des Proteftans , fous peine des galères perpétuelles pour les hommes , de prifon perpétuelle pour les femmes , & même de mort pour ceux qui feront trouvés avec des armes. Les Loix que cet article renouvelle font poftérieures à l'Edit qui révoqua celui de Nantes. Cet Edit, en défendant les affemblées, prononçait la confifcation de corps & de biens ; la peine de mort ne fut décernée expreffément que par l'E-

____

fur cette obfervation , que rend fort importante le jufte refpect qu'à imprimé le nom de Louis XIV pour tout ce qui a été fait fous fon règne. Il eft jufte d'obferver encore que depuis 1699 , jufqu'en 1714 , c'eft-à-dire, pendant toute l'adminiftration du Chancelier de Pontchartrain , il n'y eût aucune nouvelle loi de rigueur contre les Proteftans.

dit de Juillet 1685. Une Ordonnance du 12 Mars 1689 confirme cette difpofition, & ordonne de plus, que ceux qui n'auront pas été pris en flagrant délit, mais qu'on faura avoir affifté à des affemblées, feront envoyés aux galères, pour la vie, par les Commandans ou Intendans des Provinces, *fans forme, ni figure de procès.* Quelle était donc la caufe de cette exceffive févérité, de cette violation des droits des citoyens, qui ne peuvent être condamnés à une peine afflictive fans un jugement régulier; droit que les Ordonnances mèmes de Louis XIV avaient reconnu? On avait perfuadé à ce Prince, que pour achever de convaincre les Proteftans de la vérité de nos dogmes, il fallait envoyer des Dragons vivre chez eux à difcrétion; que leurs femmes & leurs filles aimeraient mieux fe convertir, que de refter expofées aux outrages des foldats, & que les Proteftans reconnaîtraient fans peine les vrais fucceffeurs des Apôtres, les vrais dépofitaires de la Foi de Jéfus-Chrift, dans les Miffionnaires qui marchaient à la tête des Dragons. On ne trouve, à la vérité, ni dans l'Evangile, ni dans les Epitres des Apôtres, aucun paffage qui juftifie cette manière de gagner des ames; auffi les Jéfuites défendaient foigneufement à leurs pénitens de lire l'Evangile (*). Ces violences avaient foulevé les efprits de tous les Proteftants. Le zèle de ceux qui pour être délivrés des Dragons avaient fait femblant de profeffer la foi catholique, était encore irrité par leurs remords, par le défir de réparer la honte de ce qu'ils regardaient comme une apoftafie. Les Puiffances ennemies de la France profitaient de ces difpofitions pour exciter les Proteftans à une révolte ouverte. Ce fut dans ces circonftances que Louis XIV défendit les affemblées fous des peines fi terribles. Par les mêmes motifs on défendit, en 1688, aux nouveaux convertis, d'avoir chez eux des armes à feu, fous peine de cinq ans de galère. La même défenfe fut encore renouvellée en 1691. La févérité de ces peines, la violation de l'ordre ordinaire de la juftice, la promptitude des châtiments, tout concourt à prouver que l'objet de ces Loix était uniquement de prévenir des révoltes, qui,

---

(*) On n'a pas été affez étonné de l'audace avec laquelle les Jéfuites foutenaient qu'il ne devait être permis aux fidéles de lire les livres que le St. Efprit a daigné dicter aux hommes, qu'après que ces livres auraient été revus & corrigés par le Révérend Père *Croiffet*, ou le Révérend Père *Cauffin*.

foutenues par les tréfors & les flottes de l'Angleterre & de la Hollande, pouvaient devenir dangereufes.

- Mais tout était changé en 1724; & il était bien dûr alors de condamner aux galères des citoyens paifibles, des Gentils-hommes qui avaient verfé leur fang pour la patrie, parce qu'ils auraient prié Dieu en commun pour la profpérité de l'Etat & du Prince. Il ferait cruel de laiffer fubfifter ces condamnations, après que foixante ans d'une foumiffion qui n'a pas même été troublée par un murmure, ont prouvé, que les Proteftans Français font des Sujets obéiffans & des Citoyens fidéles.

La dernière Difpofition de cet article de la Loi de 1724 n'eft pas même affez claire. Des Gentils-hommes encoureront-ils la peine de mort, parce qu'ils n'auront pas ôté leur épée pour affifter aux prêches? Doit-on condamner à mort ceux qui feront allés à ces affemblées avec les armes qu'on a coutume de porter dans les voyages?

Le fecond article de la Déclaration de 1724 condamne à mort les Miniftres, & défend, fous peine des galères perpétuelles, de favorifer leur fuite, de leur donner retraite, &c. Cette difpofition n'eft que le renouvèllement des articles I & II de la Déclaration du 1er. Juillet 1686.

Par l'Edit qui révoque celui de Nantes, les Miniftres qui ne feraient pas fortis de France, dans l'efpace de quinze jours, devaient être condamnés aux galères. La rigueur de l'Edit de 1686 contre les Miniftres qui feraient rentrés dans le Royaume, prouve que ces Miniftres étaient regardés par le Gouvernement comme des émiffaires de la Hollande & de l'Angleterre ; ainfi le motif qui avait dicté ces rigueurs, ne fubfiftait plus lorfqu'on les renouvella en 1724. Si l'on examinoit de même l'hiftoire de nôtre Jurifprudence, on trouverait que la plupart des Loix, ou abfurdes ou cruelles qui la deshonorent, ont été faites dans des circonftances où il était peut-être excufable de les croire néceffaires, & qu'elles n'ont été confervées que par un refpect aveugle pour ce qui eft établi, par la pareffe de faire des changemens, ou par un penchant, malheureufement trop commun, à penfer que tout ce qui eft rigoureux eft néceffaire.

Il eft impoffible à tout Catholique raifonnable de regarder comme un fcélérat un Miniftre Proteftant, qui explique à fes frères les dogmes de fa fecte & la morale de l'Evangile. On regarderait comme infâme tout Catholique qui refuferait à un Miniftre fugitif un azile ou du pain, qui, en lui fermant la porte de fa maifon, l'expoferait à tomber entre les mains de ceux qui le pourſuivent. Oſons même interroger les Chefs du Clergé de France ; demandons à ces deſcendans de nos braves Chevaliers, qui, en s'honorant d'être les Miniſtres de Jéſus-Chriſt, n'ont point dégénéré de la généroſité de leurs ancêtres, demandons leur, s'ils ne mettraient pas leur honneur à protéger un Miniſtre Proteſtant qui aurait cherché un azile dans leur palais ? Diſons plus ; ſi, lors qu'il y avait des Jéſuites, un Miniſtre s'était jetté entre les bras d'un Recteur d'une de leurs maiſons, n'y eût-il pas été en ſûreté ? Pourquoi donc condamner aux galères de malheureux Proteſtans, qui auront fait pour un homme qui s'expoſe à la mort pour les inſtruire, ce que les plus violens ennemis de la Religion Proteſtante auraient fait comme eux ? Pourquoi les forcer de choiſir entre le ſupplice & l'infamie ? Pourquoi obliger les Juges de dire à ceux qu'ils condamnent „ Nous vous déclarons infâmes au nom „ de la Loi ; mais vous méritez notre eſtime, & „ vous ſeriez infâmes, aux yeux de l'honneur, ſi „ vous n'aviez point bravé l'ignominie du ſuppli- „ ce. “ C'eſt un grand mal dans une Légiſlation, & un mal bien plus grand qu'on ne penſe, que de conſerver des loix telles qu'un homme puiſſe mériter l'eſtime publique, en s'expoſant aux galères. D'autres (*) articles de l'Edit de 1724 condamnent au banniſſement les Proteſtans qui déclarent, à la mort, qu'ils ont vécu, & qu'ils veulent mourir dans leur Religion, en cas qu'ils reviennent à la vie; s'ils meurent, on fait le procès à leur mémoire.

Par d'autres Loix, qui ne ſont pas abrogées, on doit mettre aux galères les Proteſtans arrêtés en voulant paſſer les frontières : ainſi, les Proteſtans n'ont la liberté de ſortir du Royaume que quand ils en ſont bannis.

La condamnation de leur mémoire entraîne la confiſcation de leurs biens; & les enfans ſont punis de l'erreur de leurs pères. Nous ne parlons point de l'infamie, qui eſt la ſuite de cette condamnation ; l'infamie légale n'a de force que lorſque l'opinion publique la ratifie.

Cette partie de la Loi de 1724 eſt la ſuite de loix plus anciennes, qu'il ne ſera point inutile d'analyſer.

Une Loi à-peu près ſemblable avait déja été faite en 1665. En 1679, Louis XIV décerna la peine du banniſſement perpétuel contre les relaps, c'eſt-à-dire, aux termes de la Loi, contre ceux qui, après avoir fait abjuration de la Religion

---

(*) Voyez les articles 8, 9, 10 & 11.

Proteſtante, étaient retournés à leurs erreurs ; les Moines apoſtats devaient être condamnés à la même peine. En 1680, on l'étendit à tous les Catholiques qui embraſſeraient la Religion prétendue réformée.

En 1683, les Miniſtres qui auraient admis dans leurs Temples des Catholiques apoſtats, furent condamnés au banniſſement perpétuel.

En 1686, par la Déclaration du 26 Avril, ceux qui, ayant abjuré la Religion Proteſtante, déclaraient, à la mort, qu'ils mouraient dans cette Religion, devaient, en cas de guériſon, être condamnés aux galères perpétuelles ; &, en cas de mort, leurs biens devaient être confiſqués, & le procès fait à leur mémoire.

On parvint à faire croire à Louis XIV, que ſes Loix avaient détruit le Proteſtantiſme en France ; on lui donna pour de véritables converſions, les actes de Catholicité arrachés, aux Villages Proteſtans, par la préſence des Dragons. Révélons ici la turpitude entière de ces tems malheureux. On mit ſous ſes yeux de longues liſtes de converſions achetées à prix d'argent ; il exiſte des lettres authentiques des hommes à qui les fonds deſtinés pour cet uſage étaient confiés, & qui diſputent avec les convertiſſeurs ſubalternes ſur la cherté des converſions. Louis XIV ignorait ces manœu-

vres; & peu de mois avant fa mort, dans le même tems où le Jéfuite *le Tellier* lui faifait figner
un Edit qui déclarait la Bulle *Unigènitus*, une Loi
du Royaume, & ordonnait de faire le procès à
ceux qui refuferaient de s'y foumettre, le même
Jéfuite lui faifait figner une autre Loi où il ordonnait, que tout Proteftant qui déclarerait, à la mort,
qu'il profeffe la Religion Réformée, ferait regardé
comme relaps, & foumis aux peines de la Déclaration de 1686. On difait dans cette Loi, qu'il
était *probable* que tout Proteftant, ou fils de Proteftant, qui était refté en France depuis la Révocation de l'Edit de Nantes, devait avoir abjuré,
fans quoi il ne ferait pas refté dans le Royaume,
dont cependant il lui était défendu de fortir fous
peine des galères; & c'eft d'après cette abjuration
probable, qu'un malade qui avait dit à fon Curé,
qu'il croyait les dogmes de la Religion Réformée,
devait, après la convalefcence, être mis à la
chaîne & y demeurer le refte de fa vie. Telle eft
l'origine de la Difpofition de l'Edit de 1724, qui
nous occupe maintenant. Ainfi, une erreur que
des gens qui marchandaient des confciences
avaient perfuadée à Louis XIV, fait traiter encore,
avec cette barbarie, des hommes dont tout le
crime eft de n'avoir pas voulu fouiller, par un
menfonge, les derniers inftans de leur vie.

Les parens, les amis des mourans, qui les auront exhortés à perfifter dans leur croyance, doivent être auffi condamnés aux galères par l'Edit de 1724. Un frère, un fils, un ami qui rend à un mourant des foins confolateurs, fera donc condamné au fupplice des fcélérats, fi, dans ces momens de trouble & de terreur, il cherche à porter la paix dans l'ame agitée d'un père, d'un frère, d'un ami ! Entouré de regards enne-mis il craindra de fe livrer aux derniers épan-chemens de la nature & de l'amitié; & des mal-heureux, fur leur lit de douleur, menacés d'è-tre bannis de leur patrie s'ils reviennent à la vie, ou d'être livrés à l'ignominie après leur mort, tremblans d'expofer leurs enfans à la mifére ou au fupplice, réduits à redouter la préfence & les foins de tout ce qu'ils aiment, expireront, déchirés entre le remords d'avoir trahi leur foi, & la crainte des fuites affreufes d'un moment de vérité.

C'eft ici le lieu d'obferver, que toutes ces ac-tions, punies avec tant de rigueur dans la Loi de 1725, ne font pas des actions qui, comme l'affaffinat & le vol, feraient des crimes, quand même aucune Loi n'aurait ftatué contr'elles; qu'elles n'ont rien de *criminel* dans l'ordre po-litique que la défobéiffance à la Loi qui les a

déclarées des *crimes* ; mais si la Loi peut légiti-
mement décerner des peines contre des actions
indifférentes en elles-mêmes, c'est uniquement
dans des circonstances particulières, où ces actions peuvent avoir des suites funestes. Ces loix
sont donc momentanées de leur nature ; & toute
loi perpétuelle, pour défendre, sous des peines
capitales, une action qui n'est point un crime
indépendamment de la Loi, est nécessairement une
Loi injuste. On dira, peut-être, pour s'opposer à
l'abolition de ces Loix, qu'elles ne sont pas exécutées à la rigueur ; mais, d'abord, conserver des
loix que l'opinion publique permet de laisser sans
exécution, mais que les Ministres de la Justice,
les hommes puissans peuvent réveiller, si leur
intérêt ou leurs passions le demandent, c'est ou-
vrir la porte au mépris des Loix, à leur exécution arbitraire, à la tyrannie. D'ailleurs, ces
loix, contre lesquelles nous réclamons, ne sont
que trop rigoureusement exécutées : à la vérité,
comme les Tribunaux ordinaires, forcés de prononcer selon la lettre de la Loi, ne peuvent choi-
sir parmi les coupables ceux que leur politique
veut qu'on épargne, & ceux qu'elle croit devoir punir, le jugement de ces délits a presque toujours été confié à des commissions ; &
il n'y a, par conséquent, aucun moyen de se

procurer

procurer une lifte exacte de ces condamnations irrégulieres. Mais nous obferverons, que dans un livre imprimé il y a quelques années, livre dans lequel on accufait d'exagération les écrivains amis de l'humanité & de la religion, qui gémiffaient de la févérité des loix contre les Proteftans, l'Auteur, pour prouver avec quelle modération ces loix font exécutées, avançait que, depuis 1745 jufqu'en 1770, il n'y avait eu que huit Miniftres Proteftans exécutés à mort. C'eft de nos jours, que le jeune Fabre obtint d'être conduit aux galères à la place de fon père ; & ce dévouement généreux prouve à la fois, & combien les loix contre les Proteftans font en vigueur, & combien les Proteftans Français méritent peu de gémir fous de telles loix.

Les Proteftans font obligés d'envoyer leurs enfans aux Ecoles Catholiques ; (*) ainfi la Loi leur enlève le droit qu'ont les pères de veiller à l'éducation de leurs enfans, ce droit de la nature antérieur à toutes les loix. Ils craindront que le zèle exagéré des Inftituteurs catholiques n'apprenne à leurs enfans à regarder leurs parens comme des ennemis de l'Etre fuprême : Accoutumés par les préjugés même de leur fecte

____

(*) Articles 4, 5, 6 & 7.

à se défier de la pureté des mœurs des prêtres voués au célibat, ils seront forcés de livrer leurs filles aux instructions de ces prêtres : Et si ces Ministres d'une Religion sainte sont indignes de leur caractere, comme il n'est arrivé que trop souvent ; si un père a pû concevoir d'affreux soupçons, il n'osera arracher sa fille au danger, de peur que des ordres rigoureux ne la viennent enlever de ses bras ; & s'il laisse échaper un cri d'indignation, exposé à la vengeance de l'hypocrisie & du fanatisme, il se verra entouré de délations & de supplices.

En 1681, Louis XIV avait permis de recevoir les abjurations des enfans de sept ans, les avait authorisés à quitter la maison de leurs parents, leur permettait de faire un procès à leurs pères pour les obliger à leur payer une pension. La Loi supposait donc que des enfans de sept ans sont en état de prononcer entre deux Religions qui partagent les Théologiens de l'Europe les plus éclairés. La Loi permettait a des enfans de sept ans de se soustraire à l'autorité paternelle.

Un père était exposé à perdre ses enfans pour jamais, si quelque rigueur nécessaire pour corriger leurs vices naissans excitait dans leur ame un instant de dépit. Et c'est ainsi que les instigateurs de ces Loix refpectaient la religion , les mœurs & la nature !

Au mois de Juillet 1685, il fut défendu aux parens proteftans des enfans nés d'un père mort dans cette religion & d'une mère catholique, de veiller fur eux en qualité de tuteurs, & la peine du banniffement fut prononcée contre ceux qui fe chargeraient de ces foins dont la nature & le droit commun du Royaume leur faifaient un devoir.

Au mois d'Août de la même année, cette défenfe fut étendue fur les enfans dont les pères & mères étaient morts dans la Religion Proteftante. (*)

L'Edit qui révoqua celui de Nantes eft du mois d'Octobre de l'année 1685 : il ordonna que les enfans des Proteftans feraient tous élevés dans la Religion Catholique.

Au mois de Janvier 1686, un nouvel Edit

(*) Cette différence entre deux loix faites à fi peu de diftance, & deux mois avant une Loi générale qui détruifait le proteftantifme, que ces loix particulieres minaient fourdement, montre bien clairement que cette Légiflation ne fut pas l'effet d'un plan formé par Louis XIV, mais le fruit de l'obfeffion continuelle de fes Directeurs.

ordonna d'enlever, dans la huitaine, aux Proteftans leurs enfans âgés de plus de cinq ans, pour
les remettre aux parens Catholiques les plus pro-
ches, où, au défaut de parens, à des Catholiques nommés par le Juge ; les pères étaient
obligés de payer une penfion pour les enfans
qu'on leur arrachait ; & les enfans de ceux qui
étaient hors d'état de payer cette penfion devaient être enfermés dans des hôpitaux. C'était
ordonner à deux cent mille hommes de prendre
les armes ; l'exécution rigoureufe de cette Loi
eût allumé la guerre civile ; auffi jamais ne fut-
elle exécutée. Il eft clair que Louis XIV n'avai
pas imaginé une pareille Loi ; que les Jéfuites la
lui arrachèrent, en lui perfuadant qu'il était
obligé en confcience de préferver ces enfans de
l'erreur, qu'il répondrait devant Dieu de leur
perdition. Mais Louis XIV, rendu à lui-même,
fentit bientôt que Dieu n'ordonne ni des chofes
impoffibles, ni des actions barbares ; on fe con-
tenta bientôt d'ordonner, par des lettres minif-
térielles, aux Proteftans, qu'on fuppofait convertis, en vertu des ordres du Roi, d'envoyer leurs
enfans aux Ecoles & aux Catéchifmes catholiques.
En 1698, on en fit une Loi, qui fut encore renouvellée en 1700 ; les Juges devaient condamner à des amendes ceux qui contreviendraient à

ces ordres. On menaçait d'enlever les enfans à leurs parens pour les faire élever dans des Collèges & dans des Couvens. Ces menaces ont été souvent exécutées ; nous avons vu de nos jours de jeunes filles arrachées à leurs parens par des ordres rigoureux, livrées dans des Couvens à des Religieuses peu éclairées, qui ignoraient également & la Religion dont il fallait les instruire, & celle dont il fallait les détromper ; nous avons vû plusieurs de ces malheureuses victimes succomber à ces longues persécutions, & perdre, au bout de quelques, années la raison ou la vie (*).

Vous n'opposez, nous dira-t-on, à ces Loix que des considérations humaines ; mais la Religion fait aux Rois un devoir de conscience de préférer le salut de leurs sujets à leur bonheur & à leurs droits. Nous répondrons à cette objection par un exemple plus fort que toutes les raisons. L'Impératrice-Reine, la Souveraine de l'Europe la plus pieuse, a défendu aux Institu-

____

(*) La fille de *Sirven* devint folle, s'échappa du Couvent où elle avait été renfermée, & se noya dans un puits. Le père, accusé de l'avoir assassinée, fut condamné par contumace à être pendu ; le Parlement de Toulouse lui a rendu depuis une justice éclatante.

teurs publics, dans fes Etats, de mettre entre les mains des enfans confiés à leurs foins, aucun Livre où l'on combattît les dogmes de la Religion que profeffent leurs parens.

L'article VII de l'Edit de 1724 mérite une attention particuliere; il eft copié fur l'article IX de celui de 1698. Par cet article on établit dans les Villages Proteftans, *où cela fera poffible*, une Ecole Catholique; & on permet, s'il n'y a point d'autres fonds, de lever fur les pères un impôt pour le payement des maîtres

Une telle Difpofition n'était propre qu'à fcandalifer les Proteftans : *Quoi*, pouvaient-ils dire, *les membres du Clergé de France jouiffent de richeffes immenfes, confacrées à l'inftruction publique, & le foin de catéchifer nos enfans eft un fardeau trop pénible pour leur zèle? Ils confieront à des mercenaires le foin d'inftruire nos enfans de leurs dogmes, & pour payer ces mercenaires, il faudra lever un impôt fur nous? Ils follicitent contre nous des loix de fang, & ils refufent de nous éclairer! Jéfus-Chrift, leur Maître & le nôtre, difait à ceux qui écartaient de lui des enfans; laiffez approcher de moi les petits enfans, le royaume de mon père eft pour ceux qui font doux & innocens comme eux; il ne difait pas, le foin d'inftruire les enfans du pauvre eft au-deffous de ma dignité; je vais*

*à Rome demander aux affranchis de César d'or-
donner aux Juifs, en son nom, de fléchir le genou
devant moi.*

Que pouvait-on leur répondre alors ? Ce qu'on
leur a dit tant de fois, qu'ils confondaient avec
la Religion des abus dont la Religion gémit :
Réformez ces abus, auraient-ils dit, *& c'est
alors que vous pourrez prétendre à nous convertir.*

Les Protestans ne peuvent, d'après l'article XV
de l'Edit de 1724, contracter de mariage que
devant un prêtre catholique, & en se confor-
mant aux rits de l'Eglise catholique ; il faut donc,
ou qu'ils commettent ce qu'ils regardent comme
un sacrilège, ou que leurs enfans soient bâtards.
Tout Protestant marié peut violer impunément
sa foi, & la Loi déclarera concubine l'épouse
qu'il a trompée ; tout père barbare peut ravir
à ses enfans leur héritage & leur état. Nous avons
vû, il y a peu d'années, le Parlement de Greno-
ble forcé, par la Loi, de condamner, en gémissant
une épouse vertueuse & des fils innocens, &
de couronner le parjure, la prostitution & le
scandale. (*) Un collatéral avide peut obliger

(*) Voyez le plaidoyer imprimé que prononça dans
cette cause Mr. Servant, alors Avôcat général.

les Juges de lui donner le bien d'une famille in-
fortunée.

L'Edit de 1724 femble fuppofer qu'il n'exif-
te plus en France de Proteftans; il traite un
million de Sujets utiles & foumis, comme s'ils
n'exiftaient pas; les Loix, confervatrices de la
propriété & de l'état des citoyens, ne s'étendent
point fur eux. La nature, l'honneur, la probité veillent feules à leur défenfe; & cette Loi
aurait couvert la France de cinq cent mille
brigands, fi les infortunés qu'elle opprime n'a-
vaient pas été des Citoyens vertueux.

Cependant, à Rome, les enfans des Juifs ont
droit à l'héritage de leurs pères; le mariage des
Juifs y eft protégé par la Loi comme un contrat
civil. Dans les Etats Proteftans de l'Europe où
l'exercice public de la Religion Catholique eft
défendu, les mariages obtiennent la fanction
civile du Gouvernement; en Turquie, les Chrétiens de toutes les communions jouiffent des
droits d'époux & de pères.

En France, les mariages des Luthériens & des
Calviniftes d'Alface n'ont-ils pas tous les effets
civils? La confcience de nos Rois leur défen-
drait-elle de permettre en Languedoc ce qu'ils
permettent en Alface, d'accorder à leurs Sujets
Chrétiens ce que le Souverain Pontife accorde à
fes Sujets Juifs?

Louis XIV s'était borné, en 1680, à défendre les mariages entre les Proteſtans & les Catholiques ; & , en Septembre 1685 , il avait établi des formes légales pour les mariages & les baptèmes des Proteſtans, dans les lieux où l'exercice public était défendu. Des Miniſtres Proteſtans, nommés par les Intendans , adminiſtraient ces Sacremens dans un lieu & dans un jour marqués ; en préſence d'un Magiſtrat ; & les Régiſtres étaient dépoſés dans les greffes des Tribunaux. L'Edit de Révocation, publié le mois ſuivant, ne parle point des mariages, & ordonne que les enfans ſoient portés daus les Egliſes Catholiques pour y être baptiſés. Une Déclaration du mois de Décembre de la même année régle les formalités civiles qui doivent conſtater le décès des Proteſtans. L'Edit de 1698, 13 Décembre, ordonne à tous les Sujets du Roi de ſe conformer pour leurs mariages aux Canons des Conciles & aux Ordonnances ; & le Roi ſe réſerve de pourvoir aux effets civils des mariages contractés depuis 1685. Louis XIV n'y a point pourvu ; la mort de Charles II, Roi d'Eſpagne, la guerre de la Succeſſion , les troubles des Cévennes, qui réveillèrent ſa haine contre les Proteſtans, les troubles que les Jéſuites excitèrent dans l'Etat pour les diſputes du Janſéniſme, ne permirent pas à ce Prince de s'occuper des mariages des Proteſtans ; d'ailleurs, aucun Miniſtre n'oſait lui révéler la grandeur du mal ; il aurait fallu lui apprendre qu'il y avait encore des Proteſtans dans ſes Etats.

Nous eſpérons que Louis XVI daignera faire ce que Louis XIV avait promis. Il ne s'agit plus des mariages qui avaient pu être contractés durant treize ans, dans un tems où les Proteſtans, accablés par tant de Loix cruelles, ne pouvaient regarder que comme un malheur les titres d'époux & de pères. Il s'agit de prononcer ſur l'état de deux cent mille familles dont l'état eſt incertain depuis près d'un ſiècle ; il s'agit de l'aſſurer à jamais ; & il y a peu d'objets plus importans, plus dignes d'occuper la juſtice & l'humanité d'un Légiſlateur.

Par l'Edit de 1724, les Proteſtans ſont exclus de toutes les fonctions publiques & d'un grand nombre de profeſſions. Non-ſeulement ils ne peuvent être ni Adminiſtratéurs, ni Magiſtrats ; non-ſeulement les Officiers Proteſtans ſont privés de cette marque honorable du ſervice militaire, ſeule décoration que le grand nombre de ceux qui la portent n'a pu avilir, parce qu'elle eſt la récompenſe de la bravoure, quálité qui comme la probité, honore par elle-même & non par la supériorité qu'elle donne à ceux qui la possédent. Les Protestans ne peuvent être ni Médecins, ni Chirurgiens, ni Apothicaires, ni Accoucheurs. *Boerhave* & *Sidenham* n'eussent pu, en France, ordonner légalement une médecine; *Chefelden* n'y eut pu faire l'opération de la cataracte, ni *Margraaf* y préparer de l'antimoine. Il faut être Catholique pour avoir le droit d'imprimer des livres ou d'en débiter. Les Notaires, les Avocats, les Procureurs, doivent être Catholiques; on exige même des Sergens un certificat de Catholicité; on l'exige également pour toutes les Charges qui donnent la noblesse ou des privilèges, & dont l'excessive multiplication a été dans les besoins de l'Etat une ressource si foible & si onéreuse (*).

(*) L'usage de vendre des Charges pour se procurer un secours d'argent momentané remonte, en France, au temps de Louis XII. Depuis ce Prince tous nos Rois, excepté Louis XVI, ont employé ce moyen pour subvenir à des dépenses extraordinaires. Les longues guerres de Louis XIV ont souvent obligé d'y avoir recours ceux même de ses Ministres qui connaissaient le mieux les longs inconvéniens de ces ressources passagères. La Providence veille particulièrement sur ce Royaume, disait l'un d'eux, à peine le Roi a-t-il créé une Charge que Dieu crée un sot pour l'acheter.

A la vérité, pour admettre un Protestant dans un grand nombre de ces états, comme pour les admettre au mariage, on se contente de quelques actes de Catholicité attestés par des témoins peu scrupuleux, & d'un certificat qu'il est aisé de se procurer à bon marché. Mais il en résulte cette triste conséquence, que les places, les honneurs, les droits de Citoyen, tous les témoignages de la confiance publique, en un mot, sont pour les Protestans qui ont trahi leur conscience, ou qui regardent tout acte de Religion comme une vaine cérémonie, tandis que l'on punit ceux qui ont une conscience timorée, ou une ame trop élevée pour consentir à l'ombre même d'un mensonge.

Un grand nombre de Loix, antérieures à la révocation de l'Edit de Nantes, avaient successivement exclus les Protestans des professions les plus avantageuses.

En 1679, il fut défendu aux Seigneurs d'établir dans les Justices de leurs terres des Officiers Protestans.

En 1680, il fut défendu aux Protestans, hommes ou femmes, de faire le métier d'Accoucheurs ou de Sages-femmes, & d'accoucher même des femmes Catholiques.

Dans la même année, ils furent exclus des Fermes-Générales & de tous les emplois qui en dépendent, même de celui de foldat dans les troupes de la Ferme.

Dans la même année ils furent exclus de tous les emplois dépendant des Recettes générales.

Enfin, dans la même année, il fut ordonné à tous les Proteftans, qui avant la défenfe de 1679 avaient acquis des Charges dans les Juftices Seigneuriales, de s'en défaire dans le terme d'un an.

En 1681, il fut défendu aux Maîtres des différentes Communautés d'Arts & métiers qui profeffaient la Religion réformée, d'avoir des Apprentifs, foit Proteftans, foit Catholiques.

L'ordre de fe défaire, dans l'année, de leurs Charges, fut étendu aux Officiers des Juftices Royales & des différentes Jurifdictions.

En 1682, on ordonna que dans le choix des hommes qui fe chargeaient dans les Villes & Bourgs de fournir des chevaux de louage, les Catholiques feraient préférés aux Proteftans.

La même année, les Officiers de Maréchauffée, les Receveurs des Confignations, qui étaient de la Religion réformée, eurent ordre de fe défaire de leurs Charges.

En 1683, on donna le même ordre aux Officiers de la Maifon du Roi & des Maifons Royales.

Les Secretaires du Roi, Proteſtans, reçurent le même ordre, en 1684.

La même année on défendit de prendre des Proteſtans pour Experts.

En Janvier 1685, il fut défendu de recevoir des Maîtres Apothicaires ou Epiciers, faiſant profeſſion de la Religion réformée. Obſervons, que les deux plus célèbres Chimiſtes qu'il y eut en France *Charas*, & *Lémeri*, tous deux Apothicaires, étaient Proteſtans, & qu'ils furent obligés de s'expatrier.

En Juillet, il fut défendu aux Proteſtans d'exercer la profeſſion de Libraires ou celle d'Imprimeurs.

Le même mois, on défendit aux Eccléſiaſtiques de donner leurs terres à des Fermiers de la Religion réformée, ou même à des Catholiques qui auraient des Réformés pour cautions. Il paraiſſait cependant naturel d'eſpérer, que des Evêques ou des Docteurs convertiraient leurs Fermiers Proteſtans. Le Clergé, en ſollicitant cet Edit à l'inſtigation des Jéſuites, ne devait-il pas craindre de montrer aux Proteſtans que c'était l'homme qu'on perſécutait en eux, & non l'erreur ? Qu'ont de commun les travaux du labourage & les dogmes de la Religion Proteſteſtante? Le Clergé ne ſemblait-il pas avoir peur que les Evêques fuffent pervertis par leurs Fermiers ?

Le même mois, on défendit aux Avocats & aux Procureurs de prendre des Clercs de la Religion réformée.

Le même mois encore, on défendit de recevoir des Avocats de cette Religion.

Le mois d'Août, il fut défendu de recevoir des Proteftans Docteurs en Médecine.

Le mois de Septembre, il fut défendu aux Chirurgiens ou Apothicaires de la Religion réformée de faire aucun exercice de leur état (*).

L'Edit de Nantes fut révoqué, au mois d'Octobre. Les Avocats Proteftans furent interdits de leurs fonctions, au mois de Novembre ; &, le même mois, les Confeillers Proteftans des Cours Souveraines eurent ordre de fe démettre de leurs Charges.

(*) Obfervons ici, que toutes ces défenfes ayant un même objet, fondées fur le même motif, furent faites à différentes époques, par différentes Loix ; preuve inconteftable, on ne faurait trop le répéter, que même en 1685 Louis XIV n'avait formé aucun plan fixe fur la Religion Proteftante, & qu'il fignait toutes les Loix à mefure qu'elles lui étaient fuggérées par ceux à qui il avait laiffé prendre fur fa confcience un empire fi funefte à la Nation.

Cette liste n'est rien moins que complette ; nous n'avons point parlé, par exemple, d'une Loi faite uniquement pour défendre aux Ecuyers Protestans de donner des leçons d'équitation ; les Jésuites qui n'avaient jamais fréquenté de Maîtres de Manége, supposaient, apparemment, que ces Ecuyers étaient de profonds Théologiens qui argumenteraient contre leur élèves, en leur apprenant à faire la volte, ou à partir du bon pied.

Enfin, l'Edit de 1698, dont celui de 1724 a encore étendu les dispositions à cet égard, ordonne d'exiger des certificats de Catholicité pour les grades en Droit & en Médecine, pour toutes les Charges de Judicature, pour toutes les Charges de l'administration municipale créées en titre d'office.

Il faut observer, que ce principe de Législation n'est point particulier à la Nation Française ; d'autres Peuples, d'ailleurs très-éclairés en politique, exigent, comme nous, de ces professions de foi, dont l'effet est d'exclure des places les non-croyants qui ont de la probité, & d'y admettre ceux qui n'en ont pas. Du-moins dans ces Etats les professions de foi ne sont exigées que pour des places importantes ; on a voulu seulement exclure, ou les partisans de quelques opinions

odieuses

odieufes au peuple de ces pays, ou certaines Communions Chrétiennes à qui l'on fuppofait des intérêts contraires aux intérêts de l'Etat. En France, on fe propofait au contraire d'obliger les Proteftans à fe convertir, en leur enlevant les moyens de fubfifter, en leur interdifant tous les états qui mènent à la confidération. Ce projet de forcer des hommes à embraffer une Religion par la crainte de la mifère ; les prétextes pieux fous lefquels le projet était déguifé, font bien peu dignes d'un grand Roi ; & c'eft une nouvelle preuve que les ptincipes de toutes les Loix contre les Proteftans étaient étrangères à l'ame de Louis XIV.

La Loi de 1724 n'a révoqué aucune des Loix antérieures ; & plufieurs de ces Loix qui ne font plus fuivies à la rigueur, quant aux difpofitions pénales, fubfiftent toujours, & font exécutées quant aux difpofitions civiles ; telles font les Loix contre les émigrans.

En 1669 Louis XIV avait défendu à tous fes fujets de s'établir hors de fes Etats, fous peine de confifcation de corps & de biens, *& d'être réputés étrangers.* Il eft difficile de faifir diftinctément le fens de cette dernière difpofition.

Les atteintes données à l'Edit de Nantes ayant rendu les émigrations plus fréquentes, on décerna contre les émigrans , au mois de Mai 1682 , la peine des galères perpétuelles , & ceux qui avaient favorisé l'émigration furent condamnés à une amende de mille écus ; & on ne parla point de la peine de mort prononcée en 1669. Le 14 Juillet , on ajouta à cette Loi , que les ventes faites par les émigrans dans l'année qui précédait leur émigration , seraient annullées & les biens vendus confisqués au profit du Roi ; c'était punir les acheteurs d'une faute que les vendeurs avaient commise. Les autres dispositions des biens immeubles faites dans la même époque , furent aussi déclarées nulles.

Au mois de Septembre , les donations d'immeubles par contrat de mariage furent déclarées valables , pourvu qu'elles eussent été exécutées avant l'émigration.

Au mois de Mai 1685 , la peine de mort fut solemnellement abolie & commuée en celle des galères perpétuelles.

Au mois de Juin de la même année , il fut défendu , sous peine des galères perpétuelles & de la confiscation des biens , aux pères & aux mères de donner leur consentement aux mariages de leurs enfans retirés dans les pays étrangers : Loi inutile , puisque les Puissances étrangères pouvaient en détruire tout l'effet , & qu'elles le devaient par intérêt comme par juftice.

Un Edit du mois d'Août promet aux dénonciateurs la moitié de la confifcation des émigrants.

L'Edit de révocation confirma la difpofition de celui du mois d'Août contre les émigrans : mais il enjoignait aux Miniftres de fortir du Royaume dans la quinzaine, fous peine des galères ; ainfi l'on condamnait à la même peine les Proteftans Miniftres qui reftaient en France, & les Proteftans Laïcs qui en fortaient.

La Déclaration du mois de Mai 1685, foumet les nouveaux convertis aux peines portées dans celle du mois de Juin de l'année précédente (*) ; & prononça la même peine des galères contre ceux qui auront favorifé leur fuite.

En 1687 cette peine contre ces derniers fut convertie en peine de mort. Cependant les émigrans eux-mêmes n'étaient condamnés qu'aux galères, & il fuffifait pour encourir cette mort

---

La Déclaration du Mois de Mai 1685, était générale pour tous les Sujets du Roi ; elle comprenait par conféquent les nouveaux Convertis : pourquoi donc faire contre eux une Loi expreffe en 1686 ?

de leur avoir procuré des guides, ou même indiqué le chemin.

Ne nous laſſons point de le répéter ; eſt-ce à Louis XIV que l'on peut attribuer de pareilles Loix ?

En 1688, les biens des émigrants furent réunis au domaine du Roi. En 1689, ont en rendit la moitié à ceux qui ſervaient dans les troupes d'Hambourg ou de Dannemark. La politique reparait une partie des injuſtices que le fanatiſme avait dictées.

Au mois de Juillet 1689, les pères, les enfans, les frères, les femmes des Proteſtans qui ſervent en Angleterre ou en Hollande, ſont forcés de ſortir du Royaume, & leurs biens ſont confiſqués.

Au mois de Décembre de la même année, les biens confiſqués ſur les Proteſtans fugitifs, ſont rendus aux héritiers naturels.

Les émigrans qui voudraient rentrer dans le Royaume, furent déchargés des condamnations portées contre eux, & obtinrent de rentrer dans leurs biens, à condition de profeſſer la Religion Catholique. Cette grace leur fut offerte à pluſieurs repriſes ; cependant, les émigrations continuant toujours, on renouvella, en 1699, les peines contre les émigrans.

La même année, il fut défendu aux nouveaux Convertis d'aliénér leurs biens, pendant trois ans; & cette défense a été renouvellée depuis, tous les trois ans.

Enfin, les Loix fur les émigrans furent renouvellées en 1704, fpécialement contre ceux que le Roi avait exilés, & qui fortaient du Royaume fans permiffion du Roi (*); & en 1713, on les renouvella encore contre les Proteftans.

Nous n'examinerons point, fi l'émigration peut être regardée comme un crime; fi l'homme n'a point reçu de la nature le droit de fe choifir un domicile; fi ce droit peut lui être enlevé fans injuftice, par une loi pofitive; fi, quand même l'émigration ferait un crime, ce crime eft du nombre de ceux contre lefquels les loix pénales peuvent être employées utilement; car il ne fuffit pas pour infliger une peine avec juftice, que cette peine foit jufte en elle-même, il faut qu'il foit utile à la fociété de l'infliger.

Nous n'examinerons pas s'il n'y a point pour

(*) Cette Loi fut faite contre le Cardinal de Bouillon. Ce ferait un article très-curieux, dans l'hiftoire de la Jurifprudence de tous les peuples, que la lifte des Loi générales faites ainfi dans des vues abfolument particu-lières

C 3

les émigrations une réciprocité néceffaire entre les différents Etats ; fi le moyen le plus fûr & le feul légitime d'empêcher les émigrations , ne ferait pas de gouverner fi bien que perfonne ne fût tenté de fortir : Nous demanderons feulement , comment on prouve qu'un homme arrété aux frontières , a une autre intention que de voyager, de s'inf-truire, de faire le commerce ; comment on prouve qu'un homme qui emporte fes fonds dans les Pays étrangers, n'a pas le projet de les faire valoir & de les rapporter enfuite dans fa Patrie ? Nous demanderons, qu'elle idée il faut avoir de la perfécution qu'on a exercée contre un Citoyen, pour fe croire obligé de lui défendre, fous peine des galères, d'abandonner fes parens, fes amis, les lieux qui l'ont vû naî-tre, le champ qu'il a cultivé, & d'aller vivre dans un pays, dont la langue, la nourriture, les ufages lui font étrangers ?

Il nous refte à faire connaître quelques Loix particulières, ou contre les Proteftans, ou en faveur des nouveaux Convertis ; Loix qui pour-ront montrer l'efprit dont étaient animés les Inftigateurs de ces Loix, & qui feront fentir la néceffité de détruire ce qui refte de leur ouvrage.

Un Arrêt du Confeil de 1680 accorde trois

ms de surféance aux nouveaux Convertis, pour le payement de leurs dettes ; c'était un moyen d'attirer à la Religion Catholique tous les Protestans qui seraient tentés de faire banqueroute : mais cet Arrêt fut révoqué en 1686 vû le petit nombre de Protestans qui restaient alors.

Une Déclaration du 25 Janvier 1683, défendit aux Ministres Protestans de convertir des Mahométans, des Juifs, ou des Idolâtres.

Un Arrêt du Conseil du 4 Septembre 1684, défendit aux Protestans de retirer dans leurs maisons aucun pauvre malade de leur Religion. Ces malheureux, à qui l'humanité de leurs frères aurait épargné l'humiliation des secours publics, qui auraient pû, du moins, jouir, dans les maisons particulières, d'un air pur, & des soins de la nature & de l'amitié, étaient condamnés à respirer l'air empoisonné des Hôpitaux ; & cet Arrêt punissait d'une amende, la pratique des vertus que l'Evangile enseigne.

Une Déclaration du 11 Juillet 1685, défendit aux Réformés d'avoir des Domestiques Catholiques ; une autre Déclaration, du 11 Janvier suivant, leur défendit d'en avoir de Protestans. Tout Protestant convaincu d'être en service chez un autre Protestant, devait, en vertu de cette Déclaration, être condamné aux galères.

Une Déclaration du 11 Juillet 1685, défendit au Juges Catholiques, dont les femmes étaient Proteſtantes, de reſter Juges dans les affaires Eccléſiaſtiques.

Un Edit du premier Janvier 1686, priva de leur douaire & de tous les avantages accordés par les Loix, les femmes des nouveaux Convertis, qui refuſeraient d'imiter leurs maris; & même les Veuves des Proteſtans : on ſuppoſait apparemment que leurs maris ſe ſeraient convertis, s'ils n'étaient point morts.

On nous diſpenſera, ſans doute, de prouver combien les Loix que nous venons de rapporter, offenſent à la fois, & l'humanité & la juſtice. Ces Loix ſont-elles plus conformes aux intérêts de la Religion ? le ſont-elles aux vues d'une ſaine Politique : & s'il faut les détruire, quand & comment doivent-elles être abrogées ?

L'intérêt de la Religion n'eſt pas, ſans doute, que tous les hommes profeſſent extérieurement la Religion Catholique; mais qu'ils en aient la croyance, & qu'ils en pratiquent la morale. Mais ces Loix doivent-elles produire, parmi les Proteſtans, bien des converſions ſincères ? Leur haine pour le Clergé s'adoucira-t-elle, tant qu'ils gémiront ſous une oppreſſion, dont ils le regardent comme l'inſtigateur ? Deviendront-ils indifférentés pour leur Foi , tant qu'ils souffriront pour elle? Et ceux que des intérèts temporels engageront à se convertir ; ceux qui pour obtenir les droits de Citoyens , feront une ou deux fois en leur vie quelques actes de Catholicité , quelle sera leur Religion ? Celle qu'ils ont trahie , ou celle qu'ils hairont d'autant plus qu'ils auront été forcé de feindre l'avoir embrassée ; ils n'en auront aucune ; & au lieu d'avoir augmenté le nombre des Catholiques , on aura diminué celui des Chrétiens. Et les enfans de ces prétendus Catholiques , quelle sera leur Religion ? sans doute celle de leurs pères : élevés à la fois dans le mépris pour le Protestantisme , dans la haine pour la Religion Catholique , & dans l'indifférence pour tous les Cultes , ils suivront , à l'extérieur , celui dont la profession sera plus utile à leurs intérèts.

Plus on persécute pour la Religion , plus il y a d'hommes sans Religion. L'observation a confirmé cette vérité générale ; les pays où l'Inquisition est en vigueur , sont remplis d'Athées ; on voit des Déistes en grand nombre dans les Etats où les non-conformistes sont traités avec sévérité ; dans les pays de tolérance , il n'y a que des Chrétiens.

Des instructions solides , mais faites avec modération, & auxquelles même on foit libre encore de fe refufer, l'exemple de la vertu dans les Prêtres Catholiques; une égale diftribution de leurs aumônes & de leurs foins entre les infortunés des deux Religions; tels font les moyens d'opérer de véritables converfions; & c'eft ainfi qu'en ont opéré dans leurs Diocèfes, les Prélats éclairés & pieux dont s'honore l'Eglife Gallicane. Quel Proteftant du Diocèfe de Nifmes, oferait dire encore, que la Religion eft fuperftitieufe & cruelle ? Ils ne regardent plus comme l'ouvrage de la Religion, les Loix qui les oppriment, depuis qu'ils ont vu le Pontife de la Religion oppofer à la rigueur des Loix l'autorité de fa place & de fes vertus; ils ont ceffé de haïr une Foi, dont ils ne reçoivent que des bienfaits & de bons exemples.

Eft-il à craindre que les Proteftans, délivrés du joug qui s'eft appéfanti fur eux fi longtems, ne faffent des profélites ? Pour le croire, il faudrait fe défier, & de la bonté de la caufe des Catholiques, & des lumières de leurs Miniftres. Cette crainte pouvait, fans doute, agiter les ames pieufes, dans les temps d'ignorance & de corruption où la Réforme a pris naiffance. Mais dans le Siècle éclairé où nous vivons, le Clergé de l'Eglife eft auffi fupérieur au Clergé Proteftant, par ſes lumières, que par la bonté de ſa cauſe. Des exemples ſans nombre n'ont-ils pas montré que c'eſt la perſécution qui allume & fortifie , dans les Sectes , l'éſprit de proſélitiſme ? Les Miniſtres perdront tout leur crédit ſur les Proteſtans, dès l'inſtant où ils ne pourront plus être regardés comme des hommes qui s'expoſent au martyre. Les principes mêmes de la Religion Proteſtante, qui donnent à la Religion de cha- que homme le droit de déterminer le ſens des Ecritures, doivent détruire , à la longue, l'auto- rité des Miniſtres , dans tous les Pays où la Religion Réformée ſubſiſte librement. Les Miniſ- tres de Hollande ont ceſſé d'y troubler la tran- quillité publique , du moment où les Hollan- dais ont ceſſé de craindre les armes de l'Eſpa- gne & celles de Louis XIV.

Les Etats de l'Amérique ſeptentrionale, où la liberté de conſcience eſt généralement établie, ont exclus leurs Miniſtres de toute fonction publique, & même du droit d'entrer dans les aſſemblées Nationales. Déja même, parmi les Proteſtans Français, tout ce qui n'eſt pas peu- ple fait mettre à leur véritable place ces Miniſ- tres , qui viennent recueillir des aumônes, au péril de leur vie ; ils cherchent à les mettre en ſûreté , leur donnent des ſecours, & ne les écoutent pas. Si ces Miniſtres n'étaient plus expoſés aux ſupplices, ils ne pourraient même plus eſpérer d'aumônes, & on ne les verrait plus reparaître.

Une partie du Clergé de France (*) eſt convaincue de ces vérités ; une partie du Clergé ſe joindrait au reſte de la Nation, pour obtenir des Loix plus humaines en faveur des Proteſtans. Ces hommes, vraiment dignes d'être les Miniſtres d'un Dieu de paix, croiraient par-là ſervir également & la Religion & l'humanité ; noms ſacrés que la vraie piété unit toujours, & que le fanatiſme & l'hypocriſie tentent en vain de ſéparer ; ils ſçavent que pour réunir les hommes, diviſés par leurs opinions, il faut com-

---

(*) Pluſieurs Evêques, qui édifient l'Egliſe par leur zèle & par leur vertus, ſont iſſus de Familles Proteſtantes. Ils ne croyent certainement pas qu'un homme, dont tout le crime eſt de penſer comme penſait leur grand-père, mérite d'être traité comme un ſcélérat ; ils ne défendront pas des Loix en vertu deſquelles leur grand-père eut pû être envoyé aux galères, ſur la délation d'un Miſſionnaire Jéſuite ; ils ne trahiront pas, pour flatter les paſſions des ex-Jéſuites, le ſang de leurs ancêtres maſſacrés par les pénitens des Jéſuites.

mencer par anéantir entre eux toute différence ; que les opinions s'affaiblissent , lorsque les passions ne les soutiennent plus , & qu'on n'est pas loin d'adopter la vérité , lorsqu'on estime & qu'on aime ceux qui l'annoncent ; ils sçavent que l'esprit de domination , de superstition , d'intolérance , attribué par les Protestans au Clergé de l'Eglise Romaine , est la principale cause de leur éloignement pour la Religion ; & cette cause ils veulent l'anéantir par la sagesse & l'humanité de leur conduite ; ils connaissent d'ailleurs l'injustice , l'inconséquence & le danger des Loix qui soumettent à des peines ceux dont la Religion est différente du Culte national.

Les principes sur lesquels les Sociétés sont établies , doivent être les mêmes pour tous les Etats. Les Sociétés ont donc été établies pour protéger la liberté , la propriété , la sureté des Citoyens , & non pour le maintien de la vraie Religion , puisque, dans tous les temps, il a existé des Sociétés très-bien réglées , sous des Religions différentes entre elles , & par conséquent sous des Religions fausses.

Il ne peut donc être juste de priver les hommes de leurs droits de Citoyens , parce qu'ils se trompent sur la Religion. Autrement il faudrait dire , que les Princes qui ont le malheur d'être dans l'erreur, pourraient également ôter ces droits à ceux de leurs Sujets qui profeſſe-raient la véritable Religion : ces Princes feraient un mal, mais ils ne feraient pas injuſtes ; ils feraient comme un Juge qui a le malheur de condamner un innocent, qu'il croit coupable.

S'il eſt dangereux de laiſſer aux non-confor-miſtes, les droits des Citoyens, ſi l'intérèt de l'Etat exige qu'ils ſoient privés de ces droits ; les Princes Proteſtans feraient donc ſagement de traiter avec la mème rigueur les Catholiques de leurs Etats. Les Empereurs Payens ont dû s'op-poſer à l'établiſſement du Chriſtianiſme ; les Empereurs de la Chine & du Japon ont dû l'exclure de leurs Etats. Voilà pourquoi tant d'hommes, animés d'un vrai zèle, fortement convaincus de la vérité de la Religion, forment les mèmes ſouhaits que nous. Ils ſavent qu'en ôtant aux hommes tous motifs humains de profeſſer une Religion plutôt qu'une autre, tout l'avantage ferait néceſſairement pour la vraie Religion. Ils ſe diſent : les Géomètres, les Phyſiciens, ne demandent point qu'on retran-che de la Société ceux qui méconnaiſſent les vérités de la Géométrie & de la Phyſique. Pour-quoi, ſi les vérités de la Religion nous paraiſ-ſent également inconteſtables, demanderionsnous des Loix contre ceux qui ont le malheur de ne pas les croire?

La tranquillité de l'Etat n'a rien à craindre de la révocation des Loix portées contre les Proteſtans. Les paiſibles Habitans de nos Provinces, n'ont plus l'eſprit des Proteſtans de Moncontour & de Jarnac; de même que nos Catholiques ne ſont plus ceux de la St. Barthélemi & de la Ligue; de même que nos Evêques n'ont plus l'eſprit tyrannique & ſéditieux des Cardinaux de Lorraine & de Tournon, des Guillaume Roſe; de même que nos Moines ne ſont plus des Montgaillard, des Bourgoin, des Guignard & des Clément.

En ſuppoſant même que les Proteſtans euſſent conſervé le même eſprit, ce ne ferait pas, ſans doute, en ſuivant les maximes qui ont allumé la guerre au ſeizième Siècle, que l'on aſſurerait la tranquillité publique dans le dix-huitième; mais cette défiance qu'on voudrait inſpirer contre les Proteſtans, n'eſt qu'une calomnie inventée par quelques hommes dignes d'avoir aſſiſté aux proceſſions du Siége de Paris.

Les Proteſtans, diſent-ils, ont l'eſprit Républicain, & cet eſprit eſt une ſuite de leurs idées religieuſes. C'eſt ainſi que les intriguans des Cours ont toujours calomnié les opinions

de ceux dont les actions font irréprochables. A
la Cour des Céfars, l'on accufait les Stoiciens
d'avoir les projets de Caton & de Brutus, parce
qu'ils avaient les mêmes idées fur l'immortalité
de l'ame & le bonheur attaché à la pratique
de la Vertu. Les Jéfuites accufaient les Solitaires
de Portroyal d'être ennemis de toute autorité,
parce qu'ils combattaient les prétentions de la
Cour de Rome ; & on les peignait à Louis XIV
comme de mauvais Français, parce que l'Abbé
de St. Cyran avait déplu au Cardinal de Riche-
lieu, & que Corneille Janfen, Sujet du Roi
d'Efpagne, paffait pour l'auteur d'un affez mauvais Livre contre la guerre de 1635. (*).

(*) Voyez les Entretiens de la Comteffe & de la
Prieure, & du Commandeur & de l'Abbé, par le Père
L'Allemant. St. Cyran était un homme de condition,
très-pieux, de moeurs auftères, fort favant, & uniquement occupé de Théologie & de Morale. Il avait fait
un Livre dans lequel il examinait les circonftances, où
en temps de paix, un Sujet eft obligé en confcience de
s'expofer à la mort pour fon Souverain ; les Jéfuites
avaient fait plufieurs Livres où ils décidaient, au contraire, dans quel cas un Sujet doit tuer fon Souverain ;
& cependant ils accufaient St. Cyran d'être un féditieux.

Quis tuleris grachos de feditione querentes.

Il ſerait difficile de prouver par l'Hiſtoire ce prétendu eſprit républicain des Proteſtans. Où eſt l'eſprit républicain des Brandebourgeois, des Saxons, des Hanovriens, des Heſſois? Le Dannemarck eſt le ſeul pays de la terre, où la Nation, ſolemnellement aſſemblée, ait déféré à ſon Roi une puiſſance abſolue; & le Dannemarck eſt Proteſtant.

Lorſque la Suéde embraſſa la Réforme, parce que Guſtave Vaſa le voulait; lorſque l'Angleterre ſe fit Proteſtante, pour qu'Henri VIII pût épouſer ſa Maitreſſe, ces Nations étaient-elles animées d'un eſprit républicain? Les Républiques Suiſſes, qui ſe ſont formées dans un temps où l'Europe était toute Catholique, ſont partagées entre les deux Religions, comme entre le Gouvernement Ariſtocratique & la Démocratie; & les Ariſtocraties les plus abſolues ſont Proteſtantes.

Les perſécutions de Philippe II ont été la cauſe de l'établiſſement de la République de Hollande. Mais la violation des privilèges de ces Provinces, l'établiſſement des impôts, furent les ſources des premiers troubles. Ce fut le peuple qui ſe ſouleva le premier, comme le prouve le ſurnom de *Gueux* donné aux premières aſſociations. La Flandre s'était déja ſoulevée contre la Maifon de Bourgogne ; fi les armées de Charles VI n'avaient battu celle du Braffeur Artevelle ; fi la France entière ne s'était unie au Duc de Bourgogne contre les Gantois, il y aurait eu une République en Hollande, longtems avant la naiffance de Calvin.

La Morale des Proteftans eft la même que celle des Catholiques ; elle eft celle du Chriftianifme ; elle preferit d'obéir aux Loix, elle défend de troubler le Gouvernement fous lequel on vit, & ordonne de fouffrir la perfécution fans murmure.

Sous un Prince qui perfécute les Proteftans, & dans une République, les Ecrivains Proteftans font républicains ; fous un Prince qui les tolère, ou dans un Gouvernement Monarchíque, les Ecrivains Proteftans ont l'efprit monarchique. Il en eft de même des Ecrivains Catholiques ; fouvenons-nous des Prédicateurs de la Ligue ; fongeons aux effets de leurs prédications, & ne difons plus que les Proteftans font ennemis des Rois.

Les hommes de parti, qui donnent le nom de *féditieux* à quiconque n'eft pas de leur parti, devraient fe rappeller les paroles de Jéfus-Chrift aux Juifs, qui le preffaient de condamner la femme adultère : *que celui de vous qui est sans péché, lui jette la première pierre* (*).

Ces mêmes hommes, qui, gémiffant fous le joug d'une Légiflation cruelle, entourés d'enfans que la Loi refufe de reconnaître, exclus de toutes les fonctions publiques, aiment encore une patrie qui les a rejettés, l'aimeront-ils moins, lorfqu'elle fera leur mère ? Ils prient pour leur Roi, lorfque les Loix les oppriment. Cefferont-ils de l'aimer, parce qu'il fera devenu leur bienfaiteur ? Et ceux que la rigueur de ces Loix a

---

(*) Si quelque chofe peut excufer les févérités exercées contre les Jéfuites, c'eft la fureur avec laquelle ces Moines, convaincus d'avoir été les auteurs de tant de féditions, & chaffés de la plupart des Etats de l'Europe, comme les ennemis de la tranquillité publique, ont accufé d'impiété & de fédition, avant, pendant & depuis leur deftruction, & les Magiftrats qui ont détruit la Société, & les Ecrivains qui s'en font mocqués, & les Janféniftes ou Proteftans, qu'ils n'ont plus le pouvoir de perfécuter. Si je croyais qu'il pût jamais être permis de dire qu'un de fes frères a blafphêmé, j'en accuferais ces hommes qui, voulant couvrir leur orgueil du mafque de la Religion nomment *impie* quiconque refufe de les adorer, & font femblant de croire que la grandeur de l'Etre Suprême, du Créateur de l'Univers, eft intéreffée à la réputation de frère Guignard ou de frère Malagrida.

forcés de renoncer à leur Patrie ; qui nés fous le Ciel heureux de la France méridionale, ont été chercher un afyle dans des climats de brouillards & de neiges ; les vieillards qui, nés dans ces climats, regrettent, même dans un Gouvernement libre, les douces influences du Soleil qui a brillé fur l'enfance de leurs pères, les fils des réfugiés , qui regardent encore la France comme une terre promife, dont le courroux paffager du ciel les a écartés ; ceux même dont les pères ont combattu contre nous à Hochftet & à Ramillies, mais dont le cœur a befoin de pardonner à leur Patrie , & d'en obtenir grace ; tous ces hommes qui brûlent de pouvoir confacrer à un fils de Henri I V , leurs richeffes, leurs talens, leurs vies, feront-ils de mauvais Citoyens, lorfque leur Patrie leur fera rendue ? C'eft aux Puiffances ennemies de la France a redoûter la révocation de ces Loix. L'impoffibilité de troubler la France, en réveillant le fanatifme des Proteftans, ou de la dépeupler en les féduifant ; la population augmentée d'une foule d'étrangers, riches & induftrieux, fi pourtant ce nom d'étrangers peut leur être donné ; l'acquifition de tous les fecrets que l'induftrie de nos voifins nous cache encore ; tous les maux de la Révocation de l'Edit de Nantes réparés en un inſtant; un million de Citoyens rendus au bonheur, & animés pour la Patrie d'un zèle nouveau ; tels feront les effets d'un changement heureux ; & voilà ce que la *Superſtition*, décorée du nom de *Politique*, voudrait nous faire craindre.

N'y a-t-il pas du danger, au contraire, à ſouffrir qu'un million de Citoyens vivent ſans exiſtence légale, à laiſſer ſans état les enfans & les femmes de deux-cent mille familles ? Quelles reſſources offrent à l'Etat des terres dont l'acquiſition n'eſt jamais ſûre, dont la propriété, incertaine, n'eſt fondée que ſur la bonne-foi ?

Si dans quelques Familles ces propriétés ont été inviolables, parce qu'elles ont été défendues par l'honneur, ſouvent plus fort que les Loix, qui répondra qu'un indigne rejetton n'y vienne porter la douleur & la miſère ? qu'un étranger, entré dans une famille par un mariage, n'abuſe des droits que la rigueur des Loix accorde à ſa femme ; qu'un créancier ne force un débiteur à lui prêter ſon nom ?

Nous avons vû, de nos jours, des hommes dépouiller ainſi leur famille, & jouir avec inſolence, d'une fortune acquiſe au prix de l'honneur.

On a dit, que le nombre des Proteſtans eſt

maintenant trop petit, pour que la révocation de ces Loix puisse ètre nécessaire. N'y eut-il qu'un seul Citoyen qui souffrit d'une Loi injuste, il faudrait sans doute la révoquer ; mais les Protestans forment environ la vingtième partie de la population du Royaume ; ils en forment la dixième partie à Paris & dans les Villes commerçantes. Le bon Pasteur quitte son troupeau pour aller chercher au loin la brebis égarée, & la rapporter au bercail entre ses bras. Tel fut votre Maitre, ô vous ! qui voudriez faire croire que c'est par zèle pour sa Religion, que vous fermez les oreilles aux gémissemens d'un million de vos frères.

On a été jusqu'à dire, que les Catholiques ne verraient pas sans indignation, qu'on traitât avec humanité ceux de leurs Concitoyens qui sont dans l'erreur. Mais le Gouvernement pourrait-il craindre cette menace indirecte de troubler l'Etat ? Croirait-il une calomnie si injurieuse au Clergé Catholique ?

Pourquoi tolérer une Secte que l'Eglise a condamnée ? Nous ne proposons pas de tolérer les Dogmes de la Religion Réformée ; mais de cesser d'opprimer ceux qui la professent. Nous ne demandons point que les Protestans aient un Culte & des Ministres, nous demandons qu'ils puiffent avoir des enfans. Nous ne parlons point d'introduire dans l'Etat deux Religions, quoique la liberté des Cultes publics, n'ait excité aucun trouble dans les Etats qui l'ont établie ; mais nous difons, qu'il faut que tous les hommes qui vivent dans un Etat, qui payent les impôts, qui obéiffent aux Loix, y jouiffent des droits de l'homme & du citoyen.

L'Edit de Nantes, publié après des guerres civiles à peine étouffées, fut un traité de paix entre deux Religions ennemies, qui, dans leur défiance mutuelle, prenaient l'une contre l'autre des fûretés, que malheureufement on croyait alors néceffaires. Cet Edit fut l'ouvrage de la Politique & de la reconnaiffance d'Henri IV.

Dans un tems de paix, dans un Siècle de lumières & de raifon, nous efpérons du petit-fils d'Henri IV, une Loi dictée par la juftice & l'humanité, une Loi qui rende à fes Sujets des droits qu'une erreur religieufe ne devait point leur faire perdre.

Nous lui demandons grâce pour les petits-fils de ces Proteftans, qui ont verfé leur fang pour défendre les droits de la Maifon de Bourbon au trône de St. Louis, qui ont perdu la vie en combattant pour Henri IV, échapé avec peine, dans le maffacre de la St. Barthélemi, au fer des *ennemis* des Proteſtans, longtems écarté par eux de l'héritage de ſes ancêtres, & quatre fois aſſaſſiné par eux, au nom du Ciel.

En mettant ſous les yeux de ce Prince les détails de la perſécution que ſouffrent ſes fidèles Sujets, nous oſons lui rappeler ces paroles ſi chères à tous les bons Français, que prononça, dans ſes derniers momens, le Sage dont il a reçu le jour, ce Dauphin qui termina par une mort ſi édifiante, une vie conſacrée toute entière à la vertu ; *ne perſécutons point.*

Nous croyons, que ceux de nos ſemblables qui n'ont pas le bonheur d'être Catholiques, ſont des hommes ; & nous déſirons que, ſi toute eſpérance d'une félicité éternelle leur eſt refuſée, ils jouiſſent, au-moins, dans ce monde, d'une félicité paſſagère.

Nous croyons, que le même Dieu qui a permis que les Proteſtans Hollandais, Anglais, Américains, Suédois, Suiſſes, Hongrois, Allemands, Bohémiens, Polonais, vécuſſent ſous des Loix douces & modérées, ne peut regarder comme un crime le deſir de faire participer les Proteſtans Français au même avantage.

Si les aſſemblées des Proteſtans, au lieu d'être punies comme des crimes, étaient réprimées ſeulement comme des attroupemens contraires à la Police , elles feraient néceffairement moins fecrettes , &, dès-lors, plus faciles à diffiper ou à prévenir ; elles feraient moins nombreufes , & uniquement compofées de peuple.

Les dangers de ces affemblées les annobliffaient ; l'idée du martyre leur donnait de l'importance & de la dignité ; elles ne feront plus que ridicules , aux yeux des Proteftans de la bonne compagnie , fi-tôt que le Gouvernement les traitera avec cette indulgence & cette pitié que mérite le fanatifme , lorfqu'il n'eft point à craindre.

Si les Miniftres qui viennent en France , n'étaient plus expofés à perdre la vie ; fi on fe bornait à les renvoyer chez eux , les aumônes des Proteftans feraient bien moins abondantes ; au lieu d'être regardés comme des Confeffeurs , en Hollande ou en Suiffe , & d'y acquérir par ces voyages une confidération qui les mène à la fortune , on ne les y verrait plus que comme les autres gens qui vivent au dépens de la crédulité , ou de la charité publique , & leur métier ferait avili du moment où il cefferait d'être dangereux.

Si l'on détruit, par une Loi fagement combinée, l'incertitude que les Loix contre les émi-

grans ont jettée dans les propriétés des Proteftans, ils cefferont alors d'être féparés du refte
des Citoyens ; l'intérèt qui les forçait de refter
unis, ne fubfiftera plus ; & le zèle religieux,
qui entretenait cette union, fera bientôt af-
faibli.

Si l'on abroge la Loi contre les relaps, fi
l'on ne force plus, fous des peines févères, les
Proteftans à recevoir au lit de la mort les exhor-
tations d'un Prètre Catholique, s'ils font libres
de recevoir, dans leurs derniers moments, les
foins de leurs Familles, ils cefferont de regarder les Prêtres comme des efpions & comme
des ennemis. Au lieu de mettre de l'honneur &
de la vanité à éluder ou à braver ces Loix, la
décence, les mœurs, plus fortes que les Loix,
ne leur permettraient point de refufer les vifi-
tes d'un Pafteur fage & éclairé; ils le recevront
comme un ami, ils l'écouteront fans peine,
lorfqu'il ne pourra les obliger de l'écouter mal-
gré eux. (*) Si l'on croit qu'il foit dangereux

(*) Louis XIV avait autorifé les Juges à entrer dans
la maifon des Proteftans malades, pour leur demander s'ils ne voulaient pas fe convertir, & fi leur parens
ne les empêchaient pas d'appeler des Miniftres de la

pour l'Etat d'avoir des Miniftres comme Sulli, ou des Magiftrats comme Anne du Bourg, le Préfident la Place, &c.... On peut ne point révoquer les Loix qui excluent les Proteftans de la Magiftrature & de l'Adminiftration. Que les fonctions qui donnent la confidération, du pouvoir ou du crédit, leur demeurent interdites; mais que du moins ils puiffent prétendre à celles qui mènent à la confidération perfonnelle. Que fi la Nature a donné à un Proteftant des talens pour les fciences Phyfiques, ou pour l'Eloquence, ou pour la Philofophie, la Nation ne foit point privée des fervices qu'il peut lui rendre, comme Médecin, comme Jurifconfulte; que les Acadé-

---

Religion Catholique; une Loi qui fe bornerait à cette difpofition, ne pourrait être regardée comme tyrannique. Il eft trop vrai que les mourans gémiffent quelquefois fous une tyrannie domeftique, & qu'il y aurait des motifs affez forts pour autorifer le Magiftrat à s'affurer, par la déclaration des malades, Catholiques ou Proteftans, fi ceux qui les entourent n'abufent pas de leur foibleffe. Cependant, nous croyons, que les inconvéniens d'une Loi femblable l'emportent de beaucoup fur les avantages qu'on pourrait en efpérer, parce que les hommes publics font encore plus fouvent injuftes que les parens ne font dénaturés.

mies & les Univerſités ſoient ouvertes aux Proteſtans ; que les Militaires de cette Religion ne reſtent point privés, parce qu'ils ſont Français, des marques de ſervices auxquelles les Proteſtans étrangers ont droit de prétendre. Alors ceux des Proteſtans qui auront de l'ambition, pourront, peut-être, ſe plaindre encore de leur état ; mais ceux qu'animera l'honneur & le deſir d'ètre utile, ne feront plus condamnés à l'humiliation & à l'inutilité. Un homme de cœur peut conſentir, ſans peine, à vivre ſous des Loix qui lui ôtent l'eſpérance d'ètre un homme puiſſant ; mais il ne peut ſupporter des Loix qui lui ôtent les moyens d'obtenir & de mériter l'eſtime publique.

Une Loi pour les mariages des Proteſtans, pour leurs baptêmes, pour les ſépultures, paraît plus difficile. Le mariage eſt un Sacrement ; l'acte qui conſtate la naiſſance d'un Citoyen, eſt accompagné d'un Sacrement ; celui qui en conſtate la mort, eſt lié à une cérémonie religieuſe. On ne peut, ſans exercer ſur les conſciences une violence injuſte, ni obliger les Proteſtans d'aſſiſter à ces actes religieux, qui ſont accompagnés de cérémonies regardées injuſtement par les Proteſtans comme des pratiques d'idolâtrie, ni obliger les Prêtres Catholiques à profaner les Sacrements, ou les cérémonies de l'Eglife, en y admettant des Proteftans; on peut encore moins ordonner aux Prêtres Catholiques d'adminiftrer les Sacremens, ou d'enterrer les morts fuivant d'autres rits que ceux de l'Eglife.

Mais la naiffance & la mort d'un homme, font des faits purement phyfiques, qui peuvent être conftatés avec des formes prefcrites par la Loi civile. Le Baptème conféré aux enfans Proteftans, par leurs parens, eft valide, & le falut de ces enfans eft affuré, jufqu'à l'âge où ils perfiftent librement dans les erreurs de leurs pères.

Quant aux Mariages, on pourrait renouveller la Loi de 1585, qui, comme nous l'avons dit, permettait aux Proteftans de fe marier devant un Miniftre nommé par l'Intendant, au jour & au lieu indiqué. Ce ne ferait point permettre le Culte public, puifque cette Loi n'avait été faite que pour les lieux où le Culte public était défendu.

Le Prince pourrait ftatuer, que lorfqu'un Proteftant aura déclaré, fuivant une certaine forme, qu'il adopte tous les enfans qui naîtront d'une telle femme, ces enfans auront fur fes biens, après fa mort, & qu'il aura fur eux, pendant fa vie, les mêmes droits que les Loix accordent aux enfans nés en légitime mariage fur les biens de leurs pères, & aux pères fur leurs enfans.

Le Prince pourrait ftatuer, que la liaifon qu'un Proteftant contracte avec une femme par déclaration, leur donnera à tous deux les mêmes droits, les affujettira au mêmes devoirs que s'ils avaient contracté un mariage. Une telle Loi n'aurait pas plus de rapport aux Loix Eccléfiaftiques, qu'une Loi qui renouvellerait parmi nous l'adoption des anciens Romains. Cette efpèce de Contrat aurait tous les effets civils du mariage, fans être un Sacrement; de même que les mariages de tous les Peuples, ou Infidèles ou Idolâtres, qui ne font pas non-plus des Sacrements.

Si l'on juge que, vivant avec fa femme, après une telle déclaration, un Proteftant commettrait un péché, du moins il n'offenferait point les mœurs publiques, il ne commettrait point de fcandale. Or les Loix doivent, fans doute, empêcher le fcandale & veiller fur les mœurs; mais les péchés ne font point du reffort des Loix.

Si un Proteftant voulait confacrer fon union

-avec fa femme , par la bénédiction fecrette d'un Miniftre , il remplirait ce qu'il regarde comme un devoir de confcience ; s'il fe difpenfait de ce devoir , la Loi n'en regarderait pas moins comme légitime l'union qu'il aurait contractée , fuivant la forme prefcrite par le Souverain ; cette union ferait même auffi refpectable , aux yeux de la Religion , que le mariage d'un Idolâtre ou d'un Infidèle , dont elle ne différerait feulement , que parce qu'elle n'aurait pas été accompagnée d'une cérémonie que la Religion regarde comme un crime.

On peut , en convenant que les Loix contre les Proteftans doivent être abrogées , prétendre que le moment où nous écrivons , n'eft pas celui qu'il faudrait choifir ; car les défenfeurs de ces Loix difent tantôt , que ce changement eft de trop peu d'importance , pour mériter l'ardeur avec laquelle les amis de l'humanité femblent le défirer ; & tantôt ils prétendent , que ce changement ne peut être fait , fans rifquer de bouleverfer l'Etat.

Il faut donc montrer , que nous arrivons au moment où l'abrogation des Loix contre les Proteftans , peut procurer plus fûrement les plus grands avantages , & où la confervation de ces

Loix peut ètre la plus dangereufe, pour la profpérité publique.

L'Etat a befoin de reffources nouvelles. Un
million de Citoyens rendus au bonheur, cent
mille Familles rapportant en France leurs richeffes & leur induftrie, n'offrent-ils pas des reffources plus durables, des fecours plus réels,
que tout le crédit apparent qu'on peut fe procurer par ces rufes d'agiotages, honorées, de
nos jours, du nom d'Opérations de Finances.

La féparation de l'Amérique a jetté le décou-
ragement dans le Commerce & dans les Manu-
factures de l'Angleterre ; ceux des Réfugiés Français qui feraient reftés dans cette nouvelle Patrie, s'emprèfferont de la quitter : ils auraient
été obligés de facrifier leur intérèt au defir de
revenir en France, & leur intérèt fe trouve d'ac-
cord avec leurs fentimens.

Les pays où les Proteftans fe font réfugiés,
dans le dernier Siècle, leur offraient peu de
reffources. Toutes les terres y étaient cultivées,
aucun metier néceffaire ne manquait de bras ;
ceux qui n'avaient, ni des fonds, ni une induftrie particulière, reftaient expofés à manquer
de travail & de fubfiftance ; c'était chez les ennemis de leur Pays, qu'ils allaient chercher une
retraite ;

retraite ; & s'ils avaient pû haïr le Gouvernement de leur Pays , ils aimaient encore la Nation
Française , ils s'intéressaient à sa gloire , qu'ils
avaient longtems partagée. Ils ignoraient la langue des Pays qu'ils allaient habiter ; & cet in-
convénient , presque nul pour des voyageurs
riches , est un malheur horrible pour des infortunés qui cherchent un asyle.

Maintenant l'Amérique offre aux Protestans
Français un vaste Pays , habité par les Alliés
de la France , où règnent la liberté de conscience , & la liberté politique ; où tous les hommes
sont égaux; où les ouvriers de toute espèce
peuvent espérer du travail & même de la fortune ; où des terreins immenses attendent des
mains pour les cultiver. Et si , comme il est
presque impossible d'en douter , le Canada suit
l'exemple des Provinces voisines , il existera en
Amérique une Région , où les Français qui voudraient s'y établir , retrouveraient , avec tant
d'autres avantages , la langue & les usages de
leur Patrie. Nous sommes donc menacés d'une
émigration nouvelle ; & pour l'éviter il ne nous
reste que deux partis , ou de conserver des Loix
sanglantes , dont l'inutilité est prouvée , ou
d'ôter aux Protestans le desir de chercher une
nouvelle Patrie , en les rétablissant dans les

droits que la Loi ne peut ravir, avec justice,
qu'aux hommes qui ont mérité de les perdre par
un crime.

Nous nous bornons à ce petit nombre de ré-
flexions. Lé bon sens & l'humanité doivent suf-
fire pour résoudre les questions de cette espèce.
Des discussions plus savantes n'auraient servi
qu'à obscurcir des idées si claires & si simples.
Peuples & Rois, défiez-vous de la subtilité,
elle engendre les sophismes ; & ce sont des
sophismes qui ont produit les malheurs des
Nations, & qui ont préparé la ruine des plus
grands Empires.